Dechrau Cyfrif

gyda

Sali Mali

1

Un

tŷ

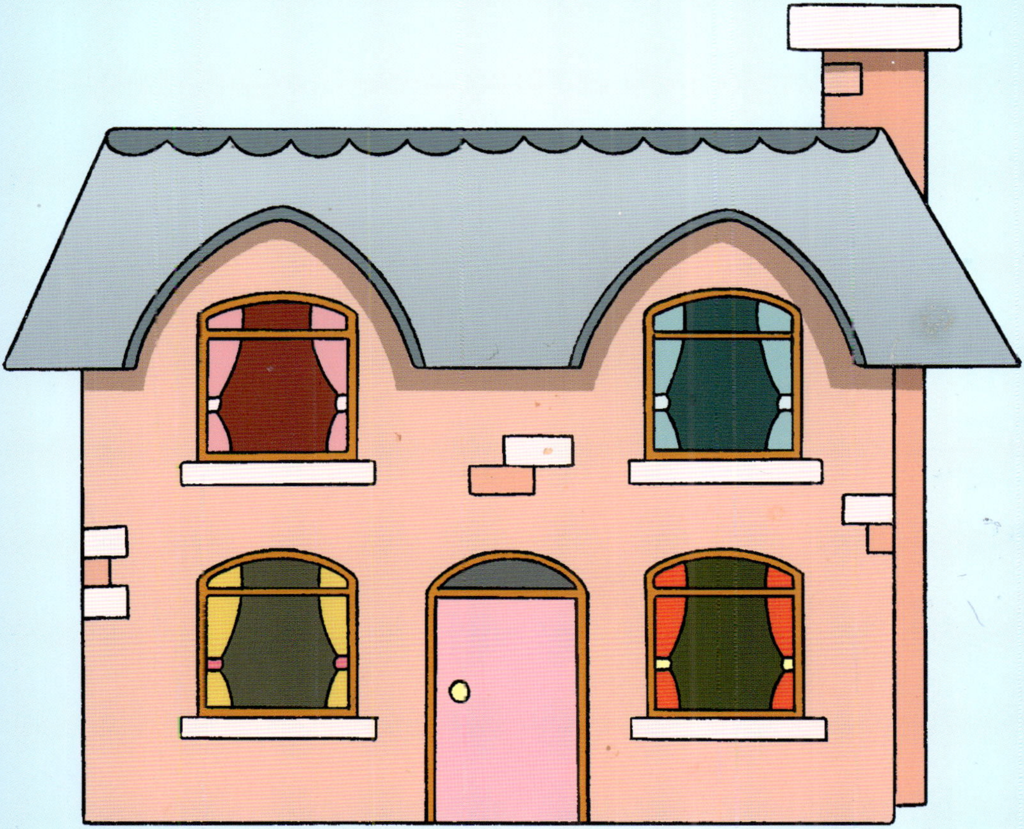

2
Dau
smotyn

2
Dwy
faneg

3
Tri
beic

3
Tair
cloch

4
Pedwar
ci

4
Pedair
cadair

5

Pump
io-io

6

Chwech
ymbarél

7

Saith
plât

8

Wyth moronen

9

Naw
cacen fach

10

Deg
botwm

11

Un deg un blodyn

11 Un ar ddeg o flodau / Un blodyn ar ddeg

12

Un deg dau o anrhegion

12 Deuddeg / Dwsin o anrhegion

Dewch i gyfrif!

Sawl bys sydd ar y faneg hon?

Sawl twll sydd yn botwm hwn?

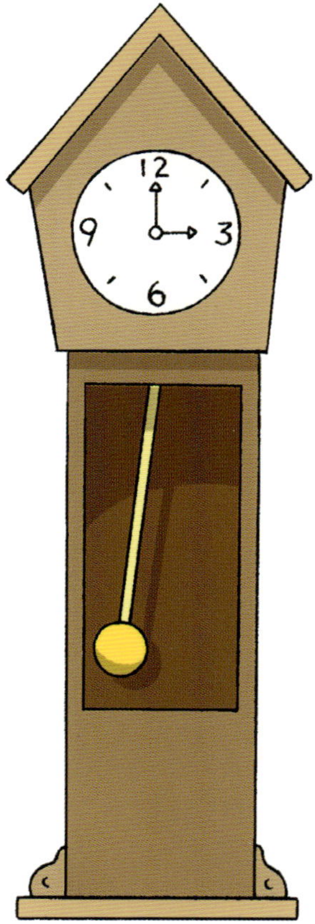

Rhowch eich bys ar y rhif naw.

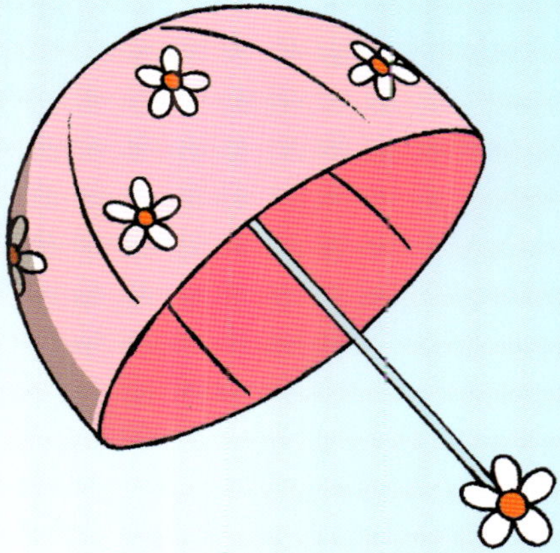

Cyfrwch yr hetiau.
Sawl het felen welwch chi?

Faint o flodau welwch chi
ar yr ymbarél?

Tic, toc – sawl cloc welwch chi?

Cyfrwch y calonnau.
Sawl calon binc welwch chi?

Cyfrwch y cwpanau.
Sawl smotyn welwch chi ar y cwpanau?